33
CONSEJOS
para el
TELETRABAJO

CARMEN CORRAL

A todos los que creen que el cambio es una constante vital y sobre todo a todos aquellos que se niegan a aceptarlo.

A mi hermana por su incondicional apoyo desde la distancia.

CONTENIDOS

Mi primera vez

La primera vez que tuve la oportunidad de trabajar desde casa, fue un día aislado, en mi trabajo convencional de oficina de 9 a 5. Estaba involucrada en un proyecto en el que necesitaba máxima concentración para realizar un informe. Trabajaba en Recursos Humanos. Si alguna vez has pasado unos minutos en el departamento de RRHH de tu empresa habrás visto que el silencio y la tranquilidad no es precisamente lo que allí reina.

Mi jefe me dijo: "Si quieres puedes quedarte un día en casa y hacer el trabajo allí, para no tener distracciones". Le tomé la palabra, en lo referente a quedarme en casa, lo de las distracciones no fue tan sencillo.

Me levanté temprano, con muchas ganas de trabajar desde casa, era algo nuevo y parecía emocionante. Sin embargo, a pesar de mi motivación para ser superproductiva teletrabajando, cuando me dí cuenta era media mañana y había desayunado dos veces, hecho una colada, ordenado todo el armario, pero no había conseguido avanzar más que una única frase en mi informe. Cada vez que me sentaba frente al ordenador se me ocurría algo más interesante que hacer. Sí, incluso poner la lavadora me parecía más interesante.

La tarde no pintaba mejor. Cuando, por fin, conseguí pegarme a la silla y no levantarme en una hora, contrasté las noticias del día en varios periódicos digitales y descubrí algún vídeo nuevo de lindos gatitos. A la hora de la cena, el informe no llegaba ni a una página. Conclusión, estuve "trabajando" de 8 de la mañana a 11 de la noche, 15 horas, para completar un trabajo que podría haber hecho en 5 o 6 horas.

Ese día descubrí que trabajar desde casa no es tan sencillo como parece.

Requiere cierta práctica y entrenamiento. Esa es la buena noticia: se puede aprender y llegar a ser productivo trabajando desde casa, incluso más que desde la oficina.

Eso fue en 2007, desde entonces, he tenido la oportunidad de teletrabajar para varias empresas, por mi cuenta, desde casa, desde coworkings, desde cafeterías, desde aviones, autobuses y trenes, desde la playa y la montaña, desde diferentes zonas horarias...

La forma en que trabajamos está cambiando

Si hasta ahora lo que le importaba a la mayoría de las compañías era tenernos en la oficina, durante 8 horas, ahora los resultados son más importantes. Algunas empresas presumen de evaluar a sus empleados según objetivos y resultados alcanzados, sin embargo, esto todavía no es del todo real. Mientras predican que lo que les interesa son los resultados y el trabajo bien hecho, cuentan con sistemas de control de llegada y salida, y los empleados tienen que fichar. En estas condiciones, ¿realmente lo más importante son los resultados? Las empresas más modernas promueven el horario flexible, pero incluso en estas, ¿qué sucedería si un empleado, que se supone tendría que trabajar 8 horas, alcanza los resultados, pero llega todos los días a las 11 y sale a las 4 de la tarde? Y cuando me refiero a resultados, hablo del conjunto completo de buen trabajo, desempeño, cantidad, calidad, etc.

Teletrabajando, salvo en contadas ocasiones, la empresa no tiene control sobre el tiempo que pasas sentado frente al ordenador. Eso genera inseguridad en muchas empresas y a muchos jefes. También a algunos empleados, que se cuestionan si se les evaluará de forma justa, si se valorará su trabajo ahora que nadie ve las horas que pasan sentados en la silla. Todos debemos de cambiar de mentalidad: empresas, jefes, empleados...

Antes, acudiendo cada día a la oficina y pasando allí 8 horas, ya habías cumplido con parte del trabajo, la otra parte, por supuesto consiste en trabajar. Ahora que nadie te ve sentado frente al ordenador, una parte desaparece, y todo se focaliza en el trabajo hecho.

Teletrabajar implica más cambios que el lugar de trabajo. No se trata simplemente de coger el portátil y llevártelo a tu casa y empezar a trabajar desde allí. Es más complejo. Tiene más envergadura y exige un proceso de cambio a muchos niveles.

La pandemia nos ha arrastrado a teletrabajar, sin saber cómo hacerlo, sin tener los medios, sin estar preparados para ello. Lo bueno es que nos ha brindado la gran oportunidad de trabajar desde casa, que de otra forma tardaría en llegar años o, incluso, décadas.

Las empresas y personas que han empezado a teletrabajar a raíz del confinamiento lo han hecho en las peores condiciones posibles. A partir de ahora solo queda mejorar.

El teletrabajo ha venido para quedarse. En tus manos está adaptarte a ello y aprovecharte de todas sus ventajas.

Para quién es este libro

He decidido escribir este libro, porque llevo años teletrabajando y a menudo la gente me pide consejo sobre como ser más productivos, cómo vencer las distracciones o cómo organizarse. Pero esa no es mi mayor motivación para escribirlo. Para responder a esas dudas podría simplemente recomendarte algunos libros sobre productividad personal, que otros han escritos y señalar cuáles son los consejos más importantes para aplicar al teletrabajo. La principal razón por la que escribo este libro es para poner un poco de luz en la palabra "personal" de la expresión "productividad personal".

Me explico: la mayoría de los libros de productividad parten de la idea de que hay unas reglas que aplican para todo y unas fórmulas que funcionarán para todo el mundo, olvidándose de que cada persona es un mundo y hay un mundo lleno de personas.

Por eso el objetivo de este libro es guiarte para que descubras qué es lo que mejor funciona para ti, para teletrabajar de la forma más efectiva posible (para ti) aprovechándote de las ventajas de la flexibilidad del teletrabajo.

Otra de mis principales motivaciones para escribir este libro, en lugar de recomendarte un buen libro de productividad, es que teletrabajar no consiste simplemente en mover el lugar de trabajo de la oficina a tu casa. Si solo consistiese en eso, mi primera vez teletrabajando hubiese sido más fructífera. Teletrabajar es mucho más que eso. Implica un cambio de mentalidad, de forma de hacer las cosas, de organizarse, de relacionarse, etc. Hablaremos de todo esto a lo largo del libro.

Este libro es para ti:

• Si estás empezando a teletrabajar y necesitas un apoyo para adaptarte a esta nueva forma de trabajar.

• Si ya teletrabajas y quieres ir un poco más allá, organizarte mejor y ser más efectivo.

• Si notas que todavía podrías sacar un mayor partido a tu día a día.

• Si quieres aprovechar al máximo la flexibilidad que te permite teletrabajar.

En este libro no vas a encontrar fórmulas mágicas que te permitan de la noche a la mañana comenzar a trabajar desde casa, o desde cualquier otro sitio, sin ni siquiera notarlo y siendo más productivo que nunca.

No es un libro de consejos de productividad con instrucciones detalladas que deberás seguir a raja tabla. De esas técnicas de productividad personal que parecen fáciles cuando las lees, pero cuando intentas ponerlas en práctica sufres y causan más problemas de los que resuelven.

En este libro encontrarás:

● Consejos para descubrir qué es lo que a ti, personalmente, te funciona mejor para ser productivo teletrabajando.

● Las diferencias entre el teletrabajo y el trabajo en la oficina y cómo adaptarse a ellas.

● Claves para planificarte y organizarte mejor teletrabajando.

Hay muchos tipos de trabajos que se pueden hacer de forma remota y con condiciones muy diferentes. Por ejemplo, algunos permiten total flexibilidad horaria, con sus ventajas e inconveniente, que veremos más adelante. En otros trabajos, aunque este se realice de forma remota, habrá que respetar un horario estricto, normalmente para cubrir la atención al cliente.

Por tus preferencias personales o las características de tu puesto de trabajo algunos de los consejos no aplicarán para ti. Solo te pido que, antes de descartarlos, te asegures de que no los estás rechazando como una excusa. Cada vez que te escuches pensando (o diciéndolo en voz alta, no te tomaré por loco si hablas mientras lees el libro) la típica frase "eso es imposible hacerlo en mi empresa" o sus primas hermanas "qué más quisiera yo que poder hacer eso", "claro, como si fuese tan fácil", entonces párate unos segundos, respira y vuelve a leerlo. Esta vez lee sin juzgar, sin aplicarlo directamente a tu situación. Toma distancia primero, antes de decidir si se ajusta a lo que necesitas o no, si es posible tomar alguna idea para aplicar. Y si no te sirve, no lo deseches (no me gusta que las hojas de este libro, que he escrito con tanto cariño, terminen en la papelera, ni literal, ni figuradamente) Eso que crees que ahora no puedes aplicar, archívalo, guárdalo en algún lugar de tu mente, para el futuro, puede que algún día te llegue a servir o que te inspire para crear tu propia versión adaptada a tus necesidades.

1. No dejes que las ventajas se conviertan en desventajas

Teletrabajar tiene muchas ventajas, entre ellas, las dos principales son: que no necesitas moverte de casa y la flexibilidad horaria.

Si no tienes que moverte de casa para empezar a trabajar ahorrarás mucho tiempo al día en desplazamientos. Además, evitarás el estrés de los atascos o las aglomeraciones del transporte público. Pero no tener que desplazarte al lugar de trabajo puede acarrear algunas dificultades.

A algunas personas les resulta difícil ponerse a trabajar sin cambiar de entorno, en el mismo lugar donde hacen su vida familiar. "Cambiar el chip" es necesario y de alguna forma tienes que decirle a tu cerebro que ahora este es tu lugar de trabajo. Ahora no es solo la casa donde vives, también es tu oficina.

Las distracciones que tienes en casa son diferentes a las que tienes en la oficina. Además de todo lo que está en tu ordenador, por si eso fuese poco, también tienes la cocina, donde hay comida a todas horas. Las tareas del hogar no son divertidas, pero cuando hay que trabajar te pueden atraer como un imán.

La flexibilidad horaria es otra de las grandes

ventajas. Tendrás libertad para empezar a trabajar cuando quieras y terminar también cuando quieras. Podrás distribuir tus horas de trabajo a lo largo del día, a tu antojo, permitiéndote atender otros asuntos de tu vida personal, como ir a recoger a los niños del colegio, hacer un recado a media mañana, o simplemente tomarte un descanso para tomar un café con un amigo.

No dejes que esa flexibilidad se convierta en una desventaja. Hacer flexible tu jornada laboral puede jugar a tu favor, pero si no la controlas se volverá en tu contra. Cuando no tienes una hora límite para terminar de trabajar la jornada laboral se extiende hasta el infinito (y más allá). Tener la sensación de haber pasado el día trabajando, aunque no haya sido así, es agotador.

Estas son las dos caras de la moneda de estas dos características del teletrabajo. Hay más y conviene identificarlas, tanto sus ventajas como los inconvenientes que pueden presentar.

Para comenzar, reflexiona y responde a las siguientes preguntas:

¿Cuáles son las ventajas de teletrabajar para ti?

¿Cuáles son los obstáculos a los te enfrentas teletrabajando? Recoge los obstáculos y dificultades externas a los que te tienes o crees que tendrás que enfrentarte, relacionados con tu empresa, tu entorno...y los internos, aquellos que tienen que ver contigo, con tus creencias, con tus resistencias personales con respecto al teletrabajo.

2. Tómatelo como un entrenamiento

Nadie nació aprendido. Todo requiere experiencia. No esperes empezar a teletrabajar hoy mismo y que, milagrosamente, todo vaya de color de rosa y seas la persona más productiva del mundo. Necesitarás un tiempo de ajuste, de práctica y entrenamiento.

Tómatelo de esa forma, como un entrenamiento.

El primer día que vas al gimnasio tendrás que descubrir las opciones que tienes de clases y máquinas. Poco a poco irás encontrando los ejercicios que te gusta hacer, la rutina que seguirás. Probarás varias opciones, seguirás con algunas y descartarás otras.

Cuando empiezas a entrenar no te planteas el primer día levantar 20 kilos de peso, si nunca lo has hecho antes. Si nunca antes has teletrabajado, también, tendrás que ir poco a poco. Sé paciente contigo mismo.

Unos días serán muy buenos, estarás ahí dándolo todo. Otros parecerá que te has esforzado mucho para nada, mientras que otros, casi no te habrás tenido que esforzar para terminar la rutina completa que te habías propuesto. No te obsesiones, ni te culpes si has tenido un día malo. Prepara el día siguiente teniendo en mente que hay días buenos y malos.

Reconoce tus avances, todo lo que has aprendido y los obstáculos que has superado desde que has empezado a teletrabajar. Felicítate por ello, celébralo.

3. Encuentra tu lugar

Ahora que teletrabajas, tú decides desde dónde lo haces. No tienes por qué limitarte a un único espacio. Tienes múltiples opciones, desde cualquiera de las habitaciones de tu casa (sí, desde el baño también podrías trabajar), hasta cafeterías y espacios de coworking. Prueba varios entornos ¿por qué no?, antes de decidir cuál es el que más te gusta, dónde te sientes más cómodo y productivo. Esto dependerá también del tipo de tarea que vayas a realizar. Por ejemplo, si necesitas hacer llamadas telefónicas durante una hora, probablemente una cafetería no sea el mejor lugar.

Una vez que los pruebes, podrás decidir desde dónde trabajar.

No tienes porque hacerlo siempre desde el mismo sitio. Variar es atractivo para muchas personas. Hacer diferentes tareas desde diferentes lugares te ayudará a asociar ese espacio con ese tipo de tarea y a tu cerebro le costará menos prepararse y centrarse en ella.

Si no eres de las personas que les gusta cambiar de sitio y prefieres un único lugar escoge el mejor y redecóralo a tu gusto. Con esto no me refiero a que pases horas buscando el mejor mobiliario y accesorios en el catálogo de Ikea. Es mucho más sencillo que eso. Simplemente vete haciéndolo tuyo poco a poco. Quizás la mesa que está mirando a la pared la prefieras pegada a la ventana y los libros que estaban encima de ella te estorban. Ten a mano todo lo que necesitas, para no tener que levantarte a buscar cosas y distraerte.

Piensa en el espacio de trabajo en su forma más amplia. ¿Te gusta escuchar música mientras trabajas? En tu oficina, a lo mejor no estaba bien visto hacerlo. Ahora puedes. Crea una lista de reproducción para trabajar. Algo que te guste, con lo que te puedas concentrar, que te incite a trabajar. Distintos estilos de música nos llevan a estados de ánimo diferentes. Algunos tipos de tareas también irán mejor con ciertos estilos musicales.

Vayamos todavía un poco más allá. Además del entorno externo a nosotros, está nuestro entorno interior. ¿Cómo te encuentras hoy? ¿Tienes alguna preocupación? ¿Cuál es tu nivel de energía? Haz un chequeo de tu estado interno antes de comenzar a trabajar. Llamémosle tu entorno interior, porque con ese también tendrás que convivir habitualmente e influye incluso más que el entorno externo.

Te imaginas comenzar a trabajar en una habitación donde todo está patas arriba, papeles por todas partes, en la mesa, en el suelo, incluso restos de comida del día anterior. Si el desorden, en lugar de estar fuera, está en tu mente todavía será más complicado ponerse a trabajar.

Simplemente haz un escáner de cómo te encuentras, reconocer como te sientes te servirá para entender cómo se va a desarrollar tu jornada laboral.

Si por tu cabeza rondan preocupaciones, admitir que están ahí te ayudará a poder dejarlas de lado por unos momentos mientras trabajas y te dedicas a otras cosas. Lo sé, es más sencillo decirlo que hacerlo. Reconocer que están ahí es el primer paso.

Cuida tu entorno externo e interno.

4. No culpes al entorno, acéptalo y adáptate

Hayas encontrado o no tu lugar para trabajar, no culpes al entorno de tu baja productividad, de que te distraes, ni de lo difícil que es trabajar en esas condiciones.

Todos los que sueñan, o hemos soñado alguna vez con ser escritores, nos imaginamos haciéndolo en un lugar idílico, aislado del resto del mundo, sin distracciones. Mar o montaña es cuestión de preferencias, lo común suelen ser las preciosas vistas desde nuestro escritorio a un paraíso tranquilo. El azul del mar y las olas rompiendo en el acantilado o la quietud del lago y la montaña. Un entorno que inspiraría nuestras mejores obras literarias. Obras nunca escritas porque, si llegamos a tener la suerte de escribir desde ese paradisiaco lugar, nos damos cuenta de que la inspiración y la productividad tampoco están ahí (hablo por experiencia).

Lo que nos rodea ayuda a nuestro confort, sin embargo, trabajar eficientemente solo depende de nosotros mismos. Si no pones nada de tu parte, tu entorno puede ser el objeto de todas las excusas habidas y por haber. "Con ese ruido en la calle es imposible trabajar", "con los niños molestándome todo el rato, no puedo concentrarme", "esta silla es tan incómoda...".

Párate a pensar por un momento, ¿acaso cuando estabas en la oficina las condiciones de tu entorno eran siempre las ideales?: tu compañera contándote la última receta de galletas que ha cocinado, justo en el momento que más trabajo (y hambre) tienes, tu otro compañero siempre al teléfono hablando a todo volumen, y desde que reubicaron a tu departamento, a una parte de la oficina sin ventanas, nunca ves la luz del día.

Cambiar el entorno y todo el ecosistema que te rodea es más difícil que amoldarte a él.

Aprovecha las horas que tu entorno te permite ser más productivo. A la hora de organizar tu agenda, ten en cuenta tu entorno. Sobre todo, si trabajas desde casa y tienes familia, habrá horas más propicias para trabajar y otras en las que será más difícil concéntrate. Ten esto en cuenta para planificar tus jornadas. Aprovecha las horas en las que estás solo y son más tranquilas para hacer aquello que necesita más concentración.

Ajústate a las horas en las que es más fácil trabajar para ti en el entorno que tienes. Por ejemplo, si sabes que cuando tus hijos llegan del colegio te resulta difícil concentrarte con el jaleo que montan por mucho que lo intentas, amóldate a ello y trabaja antes de que lleguen. Si te faltan horas, quizás puedas levantarte antes por la mañana, o trabajar una horita después de que se vayan a dormir. No descartes ninguna opción, ni ningún horario. Y adáptate a las condiciones del entorno que tienes.

Todo tiene solución si le pones remedio y este no siempre está en el exterior.

El nuevo entorno de trabajo a veces se interpone entre nosotros como una barrera para teletrabajar. Sin embargo, ese obstáculo que parece claramente externo, no siempre lo es. Muchas veces es un obstáculo mental que nos ponemos como excusa para teletrabajar.

Las condiciones externas nunca serán las ideales. Nunca, hasta que tú las aceptes tal y como son. Mientras tanto te servirán de excusa para no hacer lo que tienes que hacer. En cuanto le pongas solución a lo que la tiene y aceptes que es posible trabajar en tu entorno, tal y como es, lo harás tan cómoda y eficientemente (o incluso más) como cuando estabas en la oficina. Serás tan productivo como lo serías en ese lugar ideal imaginario.

5. Encuéntrales el lugar a los demás (ponles en su sitio)

Has encontrado tu lugar de trabajo. Pero si trabajas desde tu casa y no vives solo, probablemente tengas que compartir algunas horas con tu queridísima familia (o acaso no es tan querida en determinados momentos).

Te suena esta escena:

Recoges a los niños del colegio, llegas a casa, les das la merienda, les dice "ahora a hacer los deberes en silencio" y te pones a trabajar. A los 5 minutos: "papá, mi hermana me ha insultado" o "mamá, he perdido el cuento que me regaló el abuelo".

Para que eso no suceda debes ponerles en su sitio, literal y figuradamente. Primero, déjales bien claro que no te pueden molestar. Después, debes ser consistente y congruente con tus palabras. La segunda parte es la más complicada. Requiere cierto entrenamiento y ajuste, sin embargo, si eres persistente lo lograrás. Ignórales cuando aparezcan, no les prestes atención, ni respondas a las preguntas más simples para que te dejen en paz; porque si lo haces una vez, te dejarán en paz esa vez, pero mañana volverán.

Hazles entender que mientras trabajas no estás

para nada, ni para nadie. Deja bien claro cuándo empiezas y terminas ese tiempo de trabajo. Si tienes una habitación de la casa que utilizas como despacho, lo más simple es que no les dejes molestarte cuando estás en esa habitación, o cuando tienes la puerta cerrada.

Si compartes otro lugar de la casa, puedes utilizar los auriculares, no solo para no escuchar lo que sucede a tu alrededor, sino también para que entiendan que cuando los tienes puestos no estás allí para ellos y no deben molestarte. ¡Funciona!, pero deberás entrenarles.

6. Prepárate para empezar a trabajar

Cuando vamos a la oficina existe una transición: ese tiempo y espacio que nos separa entre nuestra casa y el lugar de trabajo. En esos momentos de camino a la oficina, nuestro cerebro cambia el chip, dejamos los asuntos de casa y comenzamos a pensar en el trabajo.

Ese tiempo y cambio de espacio desaparece cuando trabajas desde casa. Es una gran ventaja ahorrar el tiempo que antes invertías en desplazamientos, con los atascos o las aglomeraciones en el transporte público, sin embargo, pierdes esa transición natural.

Trabajando desde casa puedes ponerte a trabajar directamente con las legañas puestas. Pero, si ni tus ojos están preparados para empezar, cómo puede estarlo tu mente. Que te sientes físicamente frente al ordenador, no quiere decir que estés realmente allí.

Teletrabajando no suele existir esa transición natural que le permite a tu mente ubicarse, pero puedes crearla. Esa transición permitirá a tu cerebro entender que ahora debe entrar en "modo trabajo".

Uno de los consejos más populares sobre teletrabajo, que verás en numerosas publicaciones, es: "quítate el pijama y vístete de calle para trabajar". No te voy a decir que tienes que quitarte el pijama si te gusta trabajar con él, ¿por qué no?, nadie te va a juzgar por ello. No existe ningún código de vestimenta para trabajar desde casa. Aunque sí que te voy a aconsejar que si tienes una videoconferencia te quites al menos la parte de arriba del pijama de ositos.

Este consejo tan extendido tiene una explicación. Quitarse el pijama, ducharse y ponerse la ropa de calle, funciona como una transición que nos prepara para empezar a trabajar. Al quitarte ese precioso y confortable pijama de ositos (o de rayas para los más tradicionales), le estás diciendo a tu cerebro que es hora de pasar de "modo casa" a "modo trabajo", aunque sigas en tu casa.

¿Qué otras cosas puedes utilizar como transición?

Cualquier pequeño detalle puede servir para darle señales a tu cerebro de que ahora es el momento de ponerse a trabajar. Deberás repetirlo varios días seguidos para que tu mente asocie esa acción y entienda que ese es el momento de ponerse a trabajar. Crea tus propios rituales.

Estas son algunas ideas:

- Darte una ducha y vestirte con ropa de calle (Conozco a alguno que se pone la corbata encima del pijama)

- Tomarte el café en esa taza con cita motivacional que te han regalado por tu cumpleaños. Utilízala solo cuando trabajas, así la asociación será más clara.

- Cambiarte de habitación.

- Escuchar música diferente y especial para trabajar.

- Delimitar un espacio en el salón como lugar de trabajo. Simplemente una línea en el suelo, que cruzarás, de forma consciente, para empezar a trabajar.

Puedes hacer una o varias cosas para indicar a tu cerebro que es la hora de trabajar.

¿Qué rituales/transiciones vas a utilizar para prepararte para empezar a trabajar?

7. Aduéñate de tu agenda

Teletrabajando te darás cuenta de que serás más dueño que nunca de tu agenda. En la oficina, muchas personas pasan el día de reunión en reunión (y tiro porque me toca). Y entre reunión y reunión, un colega que te encuentra en el pasillo, ya que te ve, decide comentarte un asunto que seguramente no es tan importante porque no se ha tomado la molestia de escribirte un email, y por supuesto tendrás que dedicarle unos minutos. Cuando por fin llegas a sentarte en tu mesa, tu jefe te comenta "oye, este informe que..." algo que se le ha ocurrido en ese momento, que si no hubieses estado allí en ese preciso instante, ni te lo hubiera comentado.

Cuando teletrabajas este tipo de interrupciones desaparecen, al menos en cierta medida. Por supuesto tendrás algunas reuniones, pero verás que se convocan muchas menos que cuando estabas en la oficina. Con suerte, tendrás las necesarias e imprescindibles. Además, la mayoría irán más al grano y serán más productivas. Siempre habrá excepciones, claro, y no te puedo asegurar que todas las reuniones que tengas mientras teletrabajas vayan a ser un éxito, pero sí, que se reducirán y mejorarán.

Tu colega, el del pasillo, no te lo encontrarás en el pasillo de tu casa (espero que no, eso sería de peli de terror) Y tu jefe, no se tomará la molestia de llamarte cada vez que se le ocurra una genial idea (esperemos que no).

En la oficina tu agenda se llena por sí sola, a veces sin que tú la toques. Pierdes el control. Sin embargo, cuando comienzas a teletrabajar, deberás tomar el control sobre ella. Tú serás, más que nunca, la persona responsable de rellenar la hoja en blanco del día, la semana y el mes. Debes asumir esa responsabilidad sobre tu agenda.

Suena bien, ¿verdad? por fin tener el control sobre lo que haces y cuándo lo haces.

Sin embargo, asumir esa responsabilidad puede ser abrumador. ¿Por qué? Porque no tenías la costumbre de gestionar tu agenda, aunque creas que sí lo hacías, los demás lo estaban haciendo por ti.

Si no sabes ni por dónde empezar, porque tienes muchas cosas que hacer, o porque crees que tienes pocas o, simplemente, porque la hoja del día en blanco te asusta...respira, tomate unos segundos... ahora es el momento de tomar control sobre tu tiempo, tu día, tu semana, tu mes.

Si nunca lo has hecho antes es un ejercicio que requiere práctica y un poco de ensayo y error, para ajustarte a lo que mejor te funciona, pero que enseguida aprenderás.

Los siguientes consejos te ayudarán para planificarte. Aquí quédate con la idea de que ahora, más que nunca, eres el dueño de tu agenda. Sé consciente de ello y acepta esa responsabilidad.

8. Descubre cuándo eres más productivo

No somos igual de productivos durante las 8 horas que habitualmente dura una jornada laboral. Tampoco todo el mundo es más productivo a una hora determinada. Por mucho que los libros y gurús de productividad se cansen de decir que los grandes líderes y CEOs se levantan a las 5 de la mañana para aprovechar mejor el día, no te lo creas a pie juntillas. Eso no funciona para todos. Cada persona es diferente y hay personas, como yo, que si nos levantamos a las 5 de la mañana, o incluso a las 6, estamos dormidas y de mal humor, y no solo a primera hora de la mañana, si no a lo largo de todo el día. Algunos somos más productivos, creativos y eficientes a otras horas del día.

Tendrás que descubrir cuál es tu mejor horario para trabajar.

Para ello te propongo llevar, durante al menos una semana, un diario de productividad en el que vas a registrar lo que haces, qué hora es, cuánto tardas, el nivel de productividad, el tipo de tarea y notas, como distracciones, etc.

Si completas esto durante 5 días serás capaz de entender un poco mejor tu ritmo biológico de trabajo y los factores externos que influyen en tu rendimiento.

A lo mejor te estás preguntando, ¿para qué ponerme a trabajar cuando soy más productivo si total me van a pagar igual? Pues por eso mismo. En una gran mayoría de los trabajos, lo importante es que cumplas con tus funciones y tareas. El tiempo que pasas sentado en tu silla delante del ordenador es irrelevante. Lo es, ahora, que estás teletrabajando y tu jefe no te ve. Si eres capaz de cumplir con tus obligaciones en 6 horas en lugar de en 8, ¿no lo harías y dedicarías las 2 horas restantes a dar un paseo, tomar un café con un amigo, ver vídeos de YouTube o sacar más trabajo adelante? Y a tu jefe le dará igual, porque has cumplido con tu trabajo.

Si tus jornadas laborales tienden a extenderse más allá de las 8 horas habituales, necesitas esta herramienta, que te ayudará a optimizar tu agenda y encontrar tu equilibrio entre trabajo y vida personal.

Una vez que registres cuándo haces cada tarea y cómo te sientes en cada momento, tendrás datos para poder crear una agenda adecuada a tus necesidades. Conociéndote sabrás cuáles son los mejores momentos para realizar cada tipo de tarea. En ello influirán también diversos factores externos, como el entorno, coordinación con otras personas, etc.

Este es el ejemplo de como suele ser mi día para optimizar mi productividad al máximo:

- Comienzo a primera hora de la mañana realizando una tarea que no requiere mucho esfuerzo mental, ni creatividad (como decía me levanto dormida)

- A continuación, agendo las tareas más demandantes, aquellas en las que tengo que pensar, ser creativa, hablar con personas, etc.

- Después de comer mi energía vuelve a bajar, así que hago otra tarea liviana.

- Y termino el día con las tareas que más me gustan y me entretienen. Aunque esté cansada no me cuesta ponerme a hacer algo con lo que disfruto.

Esto solo es a modo de ejemplo, tu ritmo puede ser muy diferente al mío y una planificación diferente se ajustará mejor a ti. Para descubrirlo rellena el Diario de Productividad, que puedes descargar aquí (objetivocoaching.com/diario-de-productividad-teletrabajo). Así podrás determinar, no solo a qué horas programar qué tipo de tareas, sino también a qué hora empezar a trabajar y a qué hora terminar.

Para ello deberás tener en cuenta tu entorno, necesidades de la empresa para la que trabajas (quizás requieran que estés disponible de 9 a 5) y otros compromisos y obligaciones personales y familiares (por ejemplo, recoger a los niños del colegio, etc)

Que no te digan que tienes que levantarte a las 5 de la mañana para ser más productivo, pruébalo por ti mismo y valora si funciona para ti. Que tampoco te digan que tienes que terminar tu jornada laboral antes de las 5 de la tarde o de que los niños vuelven del colegio. No dudo que tiene sus retos trabajar con niños en casa, pero eso no quiere decir que sea imposible y si se ajusta mejor a tus necesidades, ¿por qué no hacerlo? Aprovecha la flexibilidad horaria que el teletrabajo y tu situación personal te permite para programar tu agenda.

Te recomiendo que sigas el diario de productividad, durante más de una semana, así tendrás más datos y podrás conocerte y valorarte mejor. Y no tienes porque dejar de hacerlo en un momento determinado, si te apetece puedes seguir rellenándolo todos los días durante semanas y meses, te ayudará en tu programación y a mejorar tu productividad.

9. Crea una rutina

Somos animales de costumbres y rutinas. Y si te lo digo yo, que odio la rutina, deberías creerme.

Si, por el contrario, eres de los que les gusta tener una rutina diaria y ceñirte a ella, vas a estar en tu salsa una vez que la hayas encontrado. Ahora que estás teletrabajando y eres dueño de tu agenda será más fácil ajustarte a la rutina que quieras. Te costará un poco hacerte con nuevos hábitos diarios, y te reto a que te aventures un poco y pruebes diferentes opciones antes de establecer una rutina definitiva.

Si eres, como yo, de los que al oír la palabra rutina les sale un sarpullido, te explicaré porqué es importante tener una. Si lo prefieres, si te hace sentir mejor, llámale de otra forma: hábitos, sistema, estructura.

Establecer una rutina nos sirve para no tener que tomar decisiones constantes sobre qué hacer y cuándo. Imagina que cada día me levanto, desayuno en la cocina, me ducho, después me pongo a trabajar, comienzo por actualizar los datos, respondo emails, sobre las 11 de la mañana me tomo un café y continúo... No tendré que tomar ninguna decisión al despertarme del tipo ¿qué voy a hacer hoy?, ¿me ducho primero o desayuno? Podré comenzar la mañana en piloto automático, sin tener que esforzarme y gastar energía en esas pequeñas decisiones que en ocasiones sirven para procrastinar: "Mejor me quedo unos minutos más en cama mientras decido si desayuno o me ducho primero"

Si eres amante de la flexibilidad y de improvisar en tu día a día necesitarás más que nadie una rutina. Los pintores más creativos e innovadores dicen que es necesario conocer las reglas para poder transgredirlas. Tú necesitas una rutina (o sistema), para poder saltártela. No es necesario que la sigas estrictamente, solo que la tengas como referente, como una estructura.

Si a los que les gusta la rutina les decía que prueben opciones, a ti te digo que en lugar de probar múltiples alternativas una tras otra, les des un tiempo a cada una de ellas, para asentar un poco y poder valorarlas.

Para crear una rutina utiliza el diario de productividad (objetivocoaching.com/diario-de-productividad-teletrabajo) Partiendo de él prueba cómo te sientes con la combinación de diferentes lugares, horas y tareas.

Por ejemplo, empezar el día repasando la agenda para hoy en la mesa de la cocina con un café en mano. Ir a media mañana a esa cafetería de tu barrio que tanto te gusta y te inspira para hacer el trabajo más creativo, además, el café está delicioso (¡cuidado con tanta cafeína! ;))

Lo bueno que tienen las rutinas es que se asientan casi sin darnos cuenta. Lo malo es que se asientan casi sin darnos cuenta. Sí, lo mismo, es bueno y malo. Será fácil acostumbrarnos a hacer ciertas cosas a la misma hora del día desde el mismo lugar, sin embargo, ¿es eso lo que más nos conviene? Por eso rellenar el diario de productividad (objetivocoaching.com/diario-de-productividad-teletrabajo) te ayudará a descubrir rutinas que no te interesa mantener y te ayudará a instaurar rutinas que encajen mejor con tus necesidades.

10.   Sal de la rutina

Si te sientes atado con tanta rutina, como yo, sal de ella, pero una vez que la hayas creado. Si te encanta la rutina, también, sal de ella de vez en cuando. Puede parecer contradictorio, primero te digo que establezcas una rutina y ahora que te la saltes. Déjame que te explique.

Crear tu rutina, como ya hemos visto, ayuda a centrarnos teniendo una estructura sobre la que basar nuestro día a día. Ahora necesitamos un poco de espontaneidad. Unas personas lo necesitarán más que otras y en mayor o menor medida.

Salir de la rutina te ayudará a mantenerte despierto, creativo y recargarte de energía. Te permitirá ver las cosas desde un punto de vista diferente. Es ideal cuando te sientes atascado, en un callejón sin salida, con alguna tarea que estás haciendo. Si necesitas inspiración permítete un descanso o trabajar desde un lugar diferente.

Ahora que teletrabajas es mucho más fácil salir de tu rutina diaria, que cuando pasabas las 8 horas en la oficina, día tras día, sentado en la misma silla.

Permítete un cambio de aires y trabaja unas horas a la semana desde una cafetería, un coworking o simplemente el salón de tu casa. O tómate unas horas libres en medio da la semana para pasear por el parque, tomar el café con un amigo o leer un libro. Salir de la rutina no solo significa trabajar desde un lugar diferente, también puede ser trabajar en algo diferente o tomarte un descanso. Significa hacer algo distinto a lo que haces el resto de los días.

Ok, está bien, si eres de los amantes de la rutina y quieres saber siempre qué es lo que vas a hacer, puedes planificar salir de tu rutina, un día concreto e incluir en tu rutina semanal "salir de la rutina". ¿Paradójico? Puede, si lo prefieres llámale cambiar de aires. Haz algo diferente al resto de los días. Y preferiblemente, haz algo diferente cada semana. Por ejemplo, si programas que los miércoles de 12 a 2 serán tus horas para salir de la rutina y decides que irás a trabajar desde una cafetería, está bien, repetirlo la semana siguiente y la siguiente, pero procura cambiarlo por algo nuevo y diferente antes de que se convierta en una rutina, para que mantenga esa frescura que estamos buscando con "salir de la rutina"

Esta es una buena oportunidad para probar nuevas opciones de trabajo, lugares y hábitos que posteriormente podrías incorporar a tu rutina diaria o semanal. Estate atento para descubrir si algo nuevo funciona para ti.

Incorpora a tu rutina semanal, salir de la rutina.

11. Cambia de postura

En la oficina seguro que tenías una buena silla en la que pasar las 8 horas de tu jornada laboral sentado. Quizás no era una silla ergonómica pero seguro que al menos era una silla de oficina.

Ahora que trabajas desde casa es posible que no tengas un despacho con un escritorio y una silla propia para trabajar. Eso no quiere decir que tu salud tenga que sufrir y vayas a tener dolores de espalda.

Fuera de la oficina existe una gran ventaja. Tienes más opciones que una única mesa y silla. Puedes trabajar desde cualquier lugar de tu casa. Eso quiere decir que no tienes que pasar las 8 horas sentado en la misma silla. Cambia de lugar, de asiento y de posición.

Cambiar de postura durante la jornada laboral es más beneficioso que sentarte en una buena silla 8 horas seguidas cada día.

Aprovéchate de la barra de la cocina para trabajar de pie durante un rato. Cámbiate de la silla del despacho a la de la cocina durante una hora. Lee los emails desde el sofá. Tu cuerpo agradecerá el cambio de postura.

¿Crees que solo puedes trabajar desde un lugar de la casa? ¿Que no te podrás concentrar desde otro sitio? Pruébalo antes de limitarte. No es necesario que pases horas, solo pruébalo durante un rato, cada día, varios días seguidos.

Esta es mi rutina de cambio de postura y lugar. Suelo empezar trabajando desde la cama mientras me tomo un té. Ya sé, esto no es para todos (no el té, sino lo de trabajar desde la cama). Suelo hacerlo cuando tengo determinadas tareas, que requieren más mover el ratón que teclear (no es tan cómodo hacerlo en esa posición). Después suelo sentarme en una silla, frente a la mesa, que puede ser la de una cafetería o una similar a la de una cocina o comedor. En algunos lugares del mundo, incluso he trabajado sentada en el suelo. Tengo mis preferencias dependiendo de la hora del día, pero sobre todo del tipo de tarea que voy a realizar. Cuando voy a escribir un texto quiero tener una silla con respaldo y una mesa en la que pueda apoyar el ordenador.

Te aseguro que desde que teletrabajo no me ha vuelto a doler la espalda. Bueno, solo en alguna ocasión en la que no he aplicado este consejo y he pasado el día entero sentada en la misma postura.

Ahora deberás encontrar qué es lo que te funciona a ti. ¿Quizás trabajar en la cocina por la mañana cuando nadie está en casa y en la habitación destinada a despacho cuando todos vuelven?

Sea como sea, recuerda, no tienes que pasarte el

día entero sentado en la misma silla, tu espalda te lo agradecerá.

12.   Descansa

Tómate descansos. Que estés teletrabajando no quiere decir que no puedas tomarte el café de media mañana, ni que no puedas parar para comer.

Parar para un cafecito es fácil, pero ¿y la comida? Comer delante del ordenador pretendiendo que trabajas no es la mejor forma de ser productivo. Puede parecer que adelantas mucho tiempo comiendo y trabajando a la vez, pero en realidad no es así. Mientras comes es raro que puedas hacer muchas de las tareas. Escribir no es posible, quizás puedas leer, pero ¿cuánto tardarás?, más que si solo lees, sin estar comiendo a la vez.

Tómate el tiempo de comida para comer, para relajarte, disfrutar del sabor de lo que masticas. Al fin y al cabo, ¿cuánto tardas, 15-20 minutos? A veces, incluso seguro que menos.

En los descansos levántate, date un paseo a la cocina, al baño, a todas las habitaciones de la casa, una vuelta por la manzana o aprovecha para ir a comprar pan.

Levantarte de la silla te ayudará a relajarte y recargar energía. Si estás haciendo algún trabajo que requiere creatividad, un descanso te puede ayudar a volver no solo con más fuerza, sino también con alguna idea nueva.

Haz descansos y sé consciente de que has hecho descansos. Trabajando desde casa al final del día puedes tener la sensación de que has estado trabajando el día entero. Esto sucede sobre todo si flexibilizas la jornada laboral tanto que intercalas trabajo, con un recado personal, trabajo, más vida personal o compromisos familiares varios, un poco más de trabajo, y unas horas de ocio para terminar el día. Aunque te dé la sensación de que has trabajado todo el día, no es así, porque te has tomado tiempo para hacer otras cosas.

Cuando descanses de tu trabajo, ya sea porque haces un descanso de 5 minutos para tomarte un café, como si te tomas una hora entera para ir a hacer la compra, regístralo en tu mente como un descanso del trabajo. Si te cuesta hacerlo mentalmente, ayúdale a tu cerebro, marcando esas horas en tu calendario con la palabra "descanso" o la actividad que hayas hecho o que tengas que hacer, y márcalas con un color diferente para notar de un vistazo que no has estado trabajando el día entero.

Hacer ciertos recados y cumplir con algunos compromisos no son precisamente un "descanso" pero si lo son del trabajo. Es un cambio de actividad y por lo tanto una parada. Ese cambio de actividad, para tu cerebro funcionará como un descanso de lo que estabas haciendo.

Aunque vuelvas físicamente cansado después del gimnasio, esa hora que te has tomado para entrenar es un descanso para tu mente. Lo que tendrás que valorar es si las actividades que realizas durante los descansos te recargan de energía o no para seguir trabajando. Por ejemplo, trabajar justo después de volver del gimnasio es complicado para algunas personas, mientras que otras se sienten con más energía para afrontar las horas de trabajo que quedan.

13. Pon límites a jefes y clientes

Que teletrabajes no quiere decir que tengas que hacerlo 24x7, ni siquiera que tengas que estar disponible. Tu flexibilidad horaria la marcas tú, y puede que a veces decidas trabajar un fin de semana, o a altas horas de la noche. Sin embargo, no debes acostumbrar a tus jefes, compañeros o clientes a ello. Guárdate esa flexibilidad para ti.

Te voy a contar un secreto. Espero que ninguno de mis clientes me esté leyendo. De vez en cuando algún cliente me escribe un email un sábado. Me parece bien, habrá decidido trabajar durante el fin de semana. Yo normalmente leo los emails el mismo día, incluso sábados y domingo (tengo ese defecto), pero no tendría porque hacerlo. Aunque lo lea no responderé hasta el lunes, sobre todo si es un cliente nuevo. ¿Por qué? Es una forma de acostumbrarles a que no estaré disponible el fin de semana y tendrán que esperar hasta el lunes.

Al principio respondía el mismo día, aunque fuese sábado, domingo o festivo. Hasta que un día, un cliente me envió un mensaje un viernes, a última hora del día. Acostumbrado a que siempre le respondía el mismo día o al día siguiente, el domingo por la noche me envió otro mensaje para comprobar

49

si había recibido el anterior. Simplemente le extrañaba no haber recibido una respuesta. Afortunadamente, en este caso, esto no llego a dañar su confianza en mi (aunque podría haberlo hecho) y todavía conservo ese cliente.

Hay personas que no se dan cuenta si es fin de semana, festivo o un día laboral, simplemente continúan trabajando. Es su elección. Y tú también puedes trabajar todos los días de la semana si lo deseas y a cualquier hora del día. Sin embargo, lo que te aconsejo es que "no te metas en camisa de once varas" y malacostumbres a tu jefe, clientes o compañeros mostrándoles que estás disponible en cualquier momento. Porque hoy a lo mejor estás disponible para responder a un email a las 11 de la noche, pero mañana quizás no te haga gracia tener que responder porque has creado precedente.

Si es necesario, fija horas y días en los que estarás o estaréis disponibles y cuándo no. La comunicación es muy importante teletrabajando y los acuerdos serán necesarios para ajustar la flexibilidad.

Si cada día tienes que recoger a los niños a las 4 de la tarde, no tienes porque ocultárselo a tu jefe, y cada vez que llama, justo a esa hora, cogerle la llamada con desgana: "es que, siempre, siempre llama, justo a esa hora". Seguro que le da igual llamarte a las 4 o a las 4:30, pero si no lo sabe...

Establece tu horario y comunícalo según corresponda.

14. Adapta las técnicas de productividad a tus necesidades

Si estas leyendo este libro es posible que antes hayas leído otros de productividad. Si eres de los que devora este tipo de literatura buscando encontrar el secreto oculto para hacer todavía más y organizarte mejor, date un respiro, porque la respuesta completa no está en los libros. Pero antes de dejar de leer sobre el tema, lee con atención esto que te cuento aquí.

Existen muchas técnicas, herramientas y secretos de productividad: levántate a las 5 de la mañana, técnica pomodoro, matriz de prioridades, GTD (Getting Things Done)...

¿Cómo podrías seguirlas todas? No es recomendable hacerlo, ni siquiera posible. Algunas incluso se contradicen entre sí.

Cada persona es diferente, ¿cómo podría funcionar lo mismo para todo el mundo? No todo sirve para todos. Por eso está bien que leas sobre productividad, que conozcas nuevas técnicas y herramientas, pero que las adaptes a ti y a tus necesidades.

Cuando tomamos las herramientas de productividad de otros, creemos que nos tendrán que funcionar. ¿Por qué? Porque está en los libros, porque otras personas dicen que les ha funcionado, porque creemos que es la fórmula mágica, la receta secreta para hacer todo lo que tenemos que hacer sin ningún esfuerzo.

¿Qué sucede realmente? Que muchas de esas herramientas no nos funcionan, porque cada persona es diferente. Probamos, no logramos seguirla y nos desesperamos, "¿Por qué a mí no me funciona? Nunca llegaré a ser productivo, soy un desastre"

Algunas técnicas simplemente son muy duras, nos exigen tanto esfuerzo implementarlas en nuestra vida que fracasamos al hacerlo y eso nos genera frustración. Si te resulta tan complicado, probablemente no es la adecuada para ti, en este momento.

Pruébala, dale una oportunidad si crees que puede encajar contigo, y si no funciona para ti, no te sientas mal por no ser capaz de seguir esa técnica de productividad que utilizan "todos los CEOs de éxito".

Tampoco necesitas seguir al pie de la letra esas técnicas, adáptalas a ti, a lo que te funcione mejor.

Pero no te engañes a ti mismo, no te excuses en que esa herramienta no funciona bien para ti solo porque no te apetece. Pruébala en más de una ocasión antes de descartarla. Muchas necesitan que nos adaptemos a ellas para empezar a ser efectivas.

15. Agenda tus tareas

Anotar las tareas y asuntos pendientes en una lista es muy útil. Con ello conseguirás, primero, no olvidarte de lo que tienes que hacer y, además, dejar de ocupar tu mente con pensamientos del tipo "ay, tengo que acordarme de esto", que seguirán rondándote hasta que hagas la tarea o la anotes.

Una lista de cosas pendientes o "to do list", como le llaman los ingleses, en la que vas tachando las tareas a medida que la completas es una herramienta básica de productividad. Pero vayamos un paso más allá porque la utilidad de esta lista es limitada.

Si en lugar de anotar una tarea en una simple lista, la anotas en tu agenda, el día que la vas a hacer y ocupando el tiempo que tardarás en hacerla, no solo no te olvidarás de lo que tienes que hacer, sino que también tendrás un compromiso para realizarlo. Estarás más cerca de completar esas tareas que ya tienen una fecha y hora asignada en tu calendario.

Con ello consigues tener una visión "tridimensional" de la tarea. No solo sabes que la tienes que hacer, sino también el tiempo que estimas que tardarás en hacerla. Porque no todas las tareas tienen las misma duración y complejidad, como podría parecer todas anotadas en una lista.

Si has completado el diario de productividad (objetivocoaching.com/diario-de-productividad-teletrabajo), conocerás cuando es tu mejor momento para hacer cada tipo de tarea y podrás añadirlas a tu agenda de acuerdo a ello.

El que las pongas en la agenda no quiere decir que sea un compromiso ineludible. Sé flexible si necesitas serlo. Si te sientas a trabajar y consideras que no es el mejor momento para hacer la tarea que habías marcado en el calendario, puedes cambiarla por otra. Mueve esa tarea a otro hueco que tengas en el calendario. De esta forma no se quedará pendiente, sino que la pospones para realizar más tarde a una hora concreta.

Estas son las ventajas de utilizar este método:

- Adquieres un compromiso mayor para realizar la tarea al estar ya en la agenda programada para una fecha y hora concreta

- Mejor planificación

- Te permite conocer lo que tardas en realizar cada tarea

- Visión más clara de tu organización diaria, semanal, mensual

A mí me gusta también anotar en la misma agenda (utilizo el calendario de Google) las cosas que hago fuera del trabajo. Las anoto con un color diferente. Utilizo el azul para los huecos que relleno con tareas de trabajo y el color naranja para las cosas de mi vida personal y ocio.

Yo también tengo una lista de tareas pendientes, esta la elaboro primero, cuando hago mi reunión semanal y después paso las tareas de la lista a la agenda semanal. Algunas se quedan pendientes en la lista; serán las que no tienen cabida en mi agenda de esta semana.

Anoto directamente en la agenda, sin pasar antes por la lista, las citas, reuniones y compromisos que ya tienen una fecha, aunque sea para dentro de un mes.

Personalmente soy extremadamente flexible moviendo y reubicando tareas dentro de mi agenda, te diría que prácticamente todos los días cambio el orden de las mismas. Te preguntarás si con tanta flexibilidad tiene sentido hacerlo de esta forma, ¿para qué molestarme en asignarles fecha y hora si termino moviéndolas? Sí, tiene sentido y lógica. Es más fácil ser flexible de esta forma porque veo claramente cuánto tardo en hacer cada tarea, y cómo encajan en las horas que tengo para trabajar.

16.   Céntrate en lo esencial

Hay algo en lo que muchos autores que escriben sobre productividad están de acuerdo, aunque lo llaman de formas diferentes: hacer lo importante, establecer prioridades, centrarse en lo esencial. Con ciertas variaciones, matices y técnicas, lo que vienen a decirnos es que debemos identificar lo que es más importante en nuestro trabajo (aplica también a nuestra vida) y realizarlo.

Identifica qué necesitas hacer para lograr alcanzar los objetivos. Ojo, estos objetivos pueden ser objetivos numéricos, con un resultado concreto a alcanzar, pero también pueden ser objetivos cualitativos, como, por ejemplo, una mejor atención al cliente. No todo lo que haces en tu día a día es importante, al menos no todo tiene el mismo grado de importancia. Determina qué es lo esencial para lograr los objetivos.

Esas tareas importantes y esenciales son el núcleo de tu trabajo.

Haz cada día una de esas tareas núcleo, prográmalas en tu agenda antes que ninguna otra. Las demás tareas podrás colocarlas alrededor de esas tareas como si de accesorios se tratase.

Centrarte en lo importante y esencial, no solo

contribuye a que tu trabajo sea más eficiente, sino que también sentirás que lo estás siendo.

Dedicando cada día horas a eso que realmente tiene un significado en tu trabajo, a eso que es el núcleo de tu trabajo, te hará sentir mejor que si lo dedicas únicamente a hacer tareas accesorio, que no son importantes y que poco aportan realmente al propósito de tu trabajo.

Cuando identifiques cuáles son las tareas esenciales, te darás cuenta de que algunas de las cosas que haces habitualmente "están por estar", son inútiles. Elimínalas de tu agenda. Si es una tarea que compartes con otras personas de tu equipo, ya sea su realización o los resultados, coméntalo, hazles saber tu opinión y porqué crees que es prescindible. Probablemente ellos también estén de acuerdo en que sobra.

17.   Trabaja en bloques

Trabajar por bloques significa acumular un tipo de tareas y hacerlas todas juntas. Por ejemplo, ponerte una hora a responder los emails que tienes en la bandeja de entrada o a hacer llamadas telefónicas. Es más efectivo responder todos los emails juntos, que responder uno ahora, otro dentro de 5 minutos, otro dentro de otra hora.

Piensa en esos segundos que tardas en buscar los archivos que necesitas para comenzar con una nueva tarea. Y en abrir y entrar con tus credenciales en una nueva aplicación en tu ordenador. Pueden ser solo segundos, pero sumados a lo largo del día, si cambias constantemente de tareas, se convierten en minutos. Quizás se te ocurra mantener abiertos a la vez todos los programas y documentos que utilizarás durante la jornada, no te lo recomiendo, porque distrae y es más difícil localizar la pestaña que necesitas.

Al igual que el sistema operativo de tu ordenador necesita tiempo para responder a tus nuevas órdenes, también tu cerebro lo necesita. Habitualmente tardará más que segundos, hasta minutos, en centrarse en la nueva tarea. Trabajar por bloques es más eficiente porque ahorras el tiempo y esfuerzo que tu cerebro necesita para concentrarse cada vez que cambias de una tarea a otra.

También te resultará más fácil organizarte si trabajas desde diferentes lugares. Así, por ejemplo, puedes acumular todas las llamadas de teléfono que tienes que hacer y realizarlas de 12 a 1, que es el momento más tranquilo en tu casa y por las mañanas te gusta empezar trabajando desde la cafetería de la esquina, que es tranquilo, pero no tanto como para hacer llamadas a clientes. Allí aprovechas para responder a los emails pendientes.

En muchos casos puede tener sentido agrupar en bloques temáticos en lugar de tipo de tareas. Así en lugar de hacer bloques con emails, llamadas, etc., los crearás en base a un mismo proyecto.

18. Tómate las cosas poco a poco

¿Has oído hablar de la técnica de productividad pomodoro? Es muy simple, consiste en trabajar durante 25 minutos, descansar 5 minutos y así sucesivamente. Esta técnica, al marcarnos cortos períodos de tiempo nos permite concentrarnos mejor y evitar distracciones. ¿Quién no sería capaz de trabajar 25 minutos seguidos sin mirar Facebook o incluso el email? Sabiendo que dentro de 25 minutos tendremos 5 para descansar y distraernos es fácil ponerse con lo que tenemos que ponernos.

Sin embargo, esta técnica presenta algunos inconvenientes. Hay tareas para las que 25 minutos de concentración no son suficientes y hacer un descanso una vez que se ha cogido el ritmo no es lo más acertado.

Lo ideal es adaptar esta técnica a tus necesidades. Para mí, por ejemplo, cuando tengo que escribir, 25 minutos no me llegan. Cuando empiezo a coger el hilo, a los pocos minutos suena el temporizador para hacer el descanso y toda la inspiración se me va.

Adapta el tiempo a cada tarea. Al rellenar el diario de productividad conocerás cuanto tiempo efectivo tardas en realizar cada una de ellas. Fija el temporizador para ese tiempo.

Si tienes un proyecto muy grande divídelo en mini-proyectos para que sea más asequible. Si una tarea es muy larga divídela en varias partes y márcate hasta dónde vas a hacer y en cuánto tiempo.

Lo habitual es que nos cueste concentrarnos durante más de 1 hora seguida, sin embargo, en algunas ocasiones cuando entremos en "flow" es posible continuar durante horas. Si es así, no pares, si no lo deseas, continúa con tu trabajo si está fluyendo. Sé flexible con los tiempos. Después tómate más tiempo de descanso: unos 10 minutos por cada hora de trabajo es una buena medida.

Tómate las cosas de a poco. Sentarte delante de una tarea enorme puede ser abrumador. ¿Por dónde empezar? Esa simple pregunta paraliza. En lugar de comenzar al azar esa gran tarea o proyecto, por cualquier lugar, tómate un tiempo para desgranarla en tareas más pequeñas.

19.   No te obsesiones con la productividad

Pues lo dicho, no te obsesiones con ser el más productivo de todos. Con esto no quiero decir que no trabajes para mejorar y hacer cada día más en menos tiempo y además mejor. Lo que quiero decir es que no te culpes si no estás aprovechando el tiempo al máximo.

Piensa que cuando estabas en la oficina prácticamente tu desempeño se medía por las 8 horas que pasabas sentado en la silla. Sí, claro que había objetivos y resultados, pero cuando estabas de 9 a 5 en la oficina, nadie dudaba de que estabas trabajando. Ahora que no estás allí, es a ti al primero a quién le entran dudas sobre si estarás dando todo lo que puedes o se espera de ti.

Ahora que teletrabajas la forma de medir tu desempeño cambia, ya nadie sabe si estás 8 horas sentado en una silla, y, por primera vez, se empieza a medir por el trabajo hecho. Es tu responsabilidad hacerlo. El tiempo que estás en la silla ya no es (por fin) importante. Ahora deberás demostrar que aportas resultados y que cumples con tu trabajo.

Muchas personas cuando empiezan a teletrabajar ponen sobre sus espaldas una presión desmesurada sobre el tiempo que deben estar trabajando (sentados en la silla) y/o el trabajo que deben sacar adelante. Esto aparece como forma de compensación, "ya que el jefe no me está viendo voy a hacer más de lo que hacía antes para que no le queden dudas sobre mi buen desempeño".

Queridos jefes, si me estáis leyendo, deberías saber que esto sucede mucho más a menudo que el pensamiento opuesto: "ya que el jefe no me ve, no tengo que trabajar tanto".

Pensar que tu superior, e incluso, tus compañeros, duden de si estás o no trabajando, solo está dentro de ti, de tu mente. No deberías pensar que ellos dudarán de ti. ¿Acaso tú dudas de ellos?

Sé responsable de lo que haces, cuándo lo haces y cómo lo haces y no tendrás que preocuparte, ni obsesionarte, por lo que los demás puedan pensar de tu desempeño.

20. Distrae a las distracciones e interrumpe a las interrupciones

- Facebook

- "Hoy todavía no he visto las noticias, ¿qué estará pasando en el mundo?"

- "Hace mucho que no se nada de Ana, le voy a escribir un WhatsApp"

- "Me apetece otro café, voy a hacerlo"

- Instagram

- ¡Biiiip!¡Biiiip!-"¿Quién me habrá escrito?"

- "Me apetecen unas galletas"

Estamos rodeados de distracciones. Algunas están a unos metros, otras están delante de nuestras narices, comparten espacio de trabajo con nosotros.

Todas estas distracciones tienen algo en común, nos proporcionan una gratificación inmediata con el mínimo esfuerzo. Por eso son tan poderosas y es tan difícil resistirse a ellas. A nivel biológico, cuando nos rendimos a estas actividades, se libera dopamina en nuestro cerebro, produciendo sensaciones placenteras. Esta es la misma sustancia y proceso que se produce en las adicciones.

Las redes sociales son las distracciones que hoy por hoy afectan a más personas. Si además son una herramienta de trabajo, será todavía más complicado saber cuándo están siendo útiles y cuándo una distracción. Pero no son las únicas distracciones que nos acechan.

Ese delicioso trozo de tarta de chocolate que ha sobrado de ayer te está llamando desde la cocina, no puedes parar de pensar en él, tanto, que está empezando a crecer un agujero en tu estómago, "que hambre", "así no puedo trabajar". En realidad, acabas de comer hace solo un par de horas. Y aunque no fuese así, sí se puede trabajar con hambre si no piensas en ella. Céntrate en lo que tienes que hacer, y el hambre se olvidará de ti, sin embargo, si te centras en el hambre te olvidarás de lo que tienes que hacer. Pon en lista de espera a la tarta, las galletas o la manzana que están en la cocina esperándote, allí seguirán cuando termines de trabajar. Y serán una excelente recompensa para premiarte por haber terminado lo que estabas haciendo o simplemente por haber evadido esa distracción.

Distrae a las distracciones, proponiéndote una hora determinada a la que les prestarás atención. Mientras tanto céntrate en tu trabajo. Será más fácil hacerlo sabiendo que dentro de una hora tendrás 5 minutos para mirar tu cuenta de Facebook. Si mientras trabajas, se te pasan por la cabeza un par de cosas que te gustaría buscar en internet o escribirle a un amigo del que hace mucho que no sabes nada, simplemente anótalo en una hoja de papel (o en el ordenador) para hacerlo cuando termines esto que estás haciendo y sea hora de dedicarle tiempo a las "distracciones". Puedes pensar que te lleva tanto tiempo escribirle un simple hola a tu amigo, como anotarlo como una tarea para hacer más tarde. Cierto, pero una vez que ofreces concesiones a esa distracción, se apoderará de tu tiempo. Entras en WhatsApp y ya que estás con el teléfono en la mano "a ver qué hay nuevo en Instagram".

Silencia las notificaciones del móvil para que no te distraigan. O aún mejor, si no necesitas el teléfono para trabajar, déjalo en otra habitación, así tendrás menos tentaciones de mirarlo. Fíjate un tiempo que vas a estar trabajando, concentrándote a tope, media hora, una hora, tú decides. ¿Qué puede ser tan urgente como para no esperar ni una hora? Si estás esperando una llamada urgente, silencia todo menos las llamadas.

Programa en tu agenda tiempo para dedicárselo a esas distracciones. Por ejemplo, cinco o diez minutos cada hora.

Si te interrumpen en tu trabajo, ya sea una persona o una de esas distracciones: interrúmpelas. Dile "lo siento, ahora mismo no puedo atenderte, en X minutos terminaré y estaré disponible para ti." Díselo a tus hijos cuando llegan a casa, a Facebook cuando te entra la tentación de abrirlo, a las galletas que te esperan en la cocina.

21. Haz de las herramientas tu mejor aliado

Las herramientas informáticas son tu mejor amigo, no las conviertas en tu peor enemigo. Esto se lo digo especialmente a los que tienen cierta fobia a la tecnología.

Piensa en cada herramienta nueva como en una persona que acabas de conocer y que estás descubriendo. No esperes mucho, no hagas presuposiciones sobre ella, no la juzgues antes de tiempo. Igual que si fuese un amigo nuevo, simplemente dedícale tiempo para conocerla.

Solo una vez que descubras la herramienta podrás saber qué es lo que puedes esperar de ella y para qué puedes contar con ella. Como si de un amigo se tratase; porque contamos con diferentes amigos para cosas diferentes ¿o no? A algunos acudimos cuando necesitamos asesoramiento sobre un cambio de trabajo, pero escogemos otros cuando queremos consejos sobre nuestra familia. Con algunos contamos para ir a tomar un café, con otros para salir de cena los fines de semana. Pero primero necesitamos un tiempo conociéndonos para saber qué podemos esperar de cada uno.

Eso es lo que debes hacer con las herramientas de trabajo. No existe una herramienta perfecta para todo. Necesitarás de varias diferentes, y aun así es posible que quede un hueco, un espacio que ninguna es capaz de cubrir. No busques la perfección en una herramienta, simplemente acéptala como es y tómala si te sirve. Y si no, no. No tiene porque formar parte de tus herramientas de trabajo si no te aporta nada.

¿Qué sucede cuando esperamos demasiado de una herramienta? Pues lo mismo que cuando esperamos demasiado de un amigo y no está a la altura de nuestras expectativas, que nos acaba defraudando. Y en ocasiones, hasta podemos convertirlo en nuestro peor enemigo.

Si eres de las personas que tiene cierta reticencia a la tecnología, no dejes que esta se convierta en tu enemigo, porque ha venido a nuestro mundo para ayudar, para hacerte las cosas más fáciles, pero deberás tener paciencia y dedicarle tiempo a conocerla.

Sé paciente contigo mismo para aprender una nueva herramienta, no la descartes a la primera de cambio porque "no te entiendes con ella". No la coloques en el bando de tus enemigos sin antes darle una oportunidad de convertirse en tu mejor amiga.

Aprender una nueva herramienta lleva cierto tiempo y hace que el trabajo sea más lento al principio. Solo al principio, después debería de hacer que sea más fácil y eficiente. Ese es el objetivo de utilizar una determinada herramienta. Es inevitable y es necesario pasar por esa fase inicial.

Imagina que un becario se incorpora en tu equipo de trabajo y eres la persona encargada de enseñarle cómo funcionan las cosas. Al principio tendrás que invertir tiempo en explicárselo y tu trabajo se ralentizará, pero el objetivo es que después, en cuanto aprenda, te ayude y juntos trabajaréis más rápido y mejor. Lo mismo sucede con una nueva herramienta, con la diferencia de que en este caso tú mismo eres el que enseña y el becario que aprende. Tómatelo con calma.

22. No te pierdas entre tanta herramienta

Y ahora que ya sabes que las herramientas son buenas amigas y grandes compañeras de trabajo, es el momento de hacer selección de personal, perdón, quiero decir, selección de herramientas.

Una de las primeras preguntas que me hacen sobre teletrabajo es "¿qué herramientas utilizas?" Y con ello se refieren a las herramientas informáticas y aplicaciones. Nos preocupamos más de ellas que de conocer los métodos, técnicas, tácticas (o llámale como quieras) sobre cómo organizarse uno mismo y los procesos globales de trabajo. Quizás tenemos la ingenua esperanza de que una herramienta informática funcionará como una especie de varita mágica que lo resolverá todo.

Las herramientas son eso, simples herramientas. Un carpintero tiene su martillo como herramienta que le permite clavar clavos. Si no sabe cómo sujetar el clavo o cómo golpear el martillo, de nada le servirá tenerlo. Sin embargo, si tuviese el conocimiento de cómo se clava un clavo (el carpintero Pablito) aun sin martillo podría clavar el clavo con otra herramienta, con una piedra, por ejemplo. Desde luego el martillo es mucho más útil y eficiente, pero es posible hacer el mismo trabajo sin él.

73

Eso mismo sucede con las herramientas informáticas. De poco sirve una potente aplicación de comunicación para equipos remotos si las personas que la utilizan no saben cómo comunicarse de forma eficiente.

No te pierdas entre tantas herramientas y aplicaciones, hay miles y muchas prometen hacer maravillas. Explóralas, no todas, solo alguna, y quédate con las mínimas imprescindibles para poder desarrollar tu trabajo. Trabajar con múltiples herramientas a la vez requiere un esfuerzo extra, que en última instancia resta los beneficios de su uso.

Es posible que la empresa o tus clientes te obliguen a utilizar determinadas herramientas, en ese caso no tendrás más remedio que adaptarte. Evita complicarte la vida utilizando otras herramientas diferentes para tu organización personal-profesional, si no las necesitas.

¿Cómo escoger una herramienta? Antes de escoger una herramienta pregúntate:

- ¿Qué necesito? ¿Qué quiero conseguir?

- ¿En qué quiero que me ayude esta herramienta? Especifica las funcionalidades que debería tener.

Una vez que pruebes la nueva herramienta pregúntate sobre ella:

- ¿Cumple con lo que necesito (tiene las funcionalidades que describí anteriormente)? Analiza que requisitos cumple y cuáles no, no solo en número, sino también en importancia. Quizás no haga algo en concreto de la forma en que esperabas, pero sí de una forma óptima para trabajar con ella.

- ¿Utilizar esta herramienta me ayudará a X (sustituir por la respuesta a tu primera pregunta antes de escoger la herramienta ¿Qué necesito?)? Podría ser obtener mejores resultados, ahorrar tiempo, organizarme mejor, mayor organización...

Si no cumple con los requisitos básicos y con el objetivo para el que la quieres, descártala inmediatamente. Si cumple con el objetivo y con la mayoría de los requisitos, pero no con todos, deberás valorar si te conviene seguir buscando hasta encontrar una aplicación que se ajuste más a lo que buscas o si merece la pena conformarse con lo que esta hace. Recuerda que no existe una herramienta perfecta.

Y como sé que todavía te estarás preguntado, ¿qué herramientas debería utilizar?, estas son algunas herramientas útiles. Recuerda, tú mismo debes valorar si te conviene utilizar una herramienta u otra.

Videoconferencias:

- Zoom
- Google Meet
- Skype

Compartir documentos y trabajar en línea:

- Google drive
- Dropbox
- Office 365

Gestión de proyectos:

- Trello
- Asana

Gestión del tiempo:

- Rescue time
- Toggl

Mensajes:

- Slack

Quiero hacer una mención especial sobre

WhatsApp. Esta es una herramienta terrible para utilizar en el trabajo. La comunicación está desestructurada y es muy difícil volver a recuperar la información más tarde. Desaconsejo utilizar WhatsApp para comunicarse en el trabajo. Solo debería utilizarse para lo que es: mensajería instantánea, por ejemplo, para avisar de que has enviado un email y que lo lean.

23. Comunícate más claramente

Al teletrabajar la forma de comunicarse cambia. Muchos se excusan en que no es posible teletrabajar porque la comunicación no será la misma. Es cierto que será diferente. Simplemente diferente, ni mejor ni peor. Te aseguro que en algunos casos será mejor.

Estos son los cambios más notables:

● Habrá más comunicación escrita y menos comunicación verbal.

● Se pierde parte del lenguaje no verbal.

● Habrá una menor conexión y cercanía con las personas con las que trabajas, pero eso no es necesariamente malo. Probablemente tus compañeros de trabajo no se convertirán en tus mejores amigos, pero tampoco surgirán los "malos rollos" típicos de la oficina, derivados de la convivencia.

Para comunicarte necesitarás diferentes herramientas: teléfono, email, y otras aplicaciones y software que te proporcione la empresa, los clientes o que acordéis entre los compañeros. No abuséis del número de herramientas de comunicación, utilizar muchas a la vez en lugar de facilitar la comunicación puede provocar problemas:

— No he recibido tu email

— Es que no te lo he enviado por email, lo he enviado por Skype

— Ah, es que no abro Skype todos los días

Acordad qué vais a utilizar para qué tipo de comunicación. Por ejemplo, utiliza siempre una única herramienta de videoconferencia, para que no se preste a confusión, y unos estén esperando a que empiece la reunión en Zoom y otros en Skype. También para que sea más fácil para todo el mundo entender la aplicación. Si queréis tener una de reserva por si la que soléis utilizar no funciona, tenla como eso, como reserva y especifica claramente que es una herramienta de respaldo, que solo utilizareis en caso de que la habitual no funcione y se avisará previamente.

La comunicación ha de ser más clara. Sin embargo, no quiere decir más extensa. Es necesario mantener el equilibro entre aportar toda la información necesaria y hacerlo de forma concisa.

Evita el exceso de información porque mucha información produce el efecto contrario al deseado. Si quieres que las instrucciones de un trabajo se lean, deberás ir al grano, aportar todo lo esencial. Si te sobrepasas aportando información, con un email largo como un testamento, tu lector se aburrirá y leerá por encima sin prestar atención.

Habrá una mayor comunicación escrita. Esto tiene algunas ventajas, por ejemplo, será posible acudir a ella y releerla más tarde. Cuando nos acostumbramos a esto, a tener casi siempre la información por escrito, es frecuente que se nos pase por alto tomar notas en las reuniones o conversaciones telefónicas. Aunque te digan que luego te lo enviaran por escrito, deberías tomar nota de lo que habláis, porque no siempre llega ese email o la información no es la misma.

Revisa siempre los mensajes antes de enviarlos, para comprobar que estás ofreciendo la información que se necesita de forma correcta. Faltas de ortografía o gramaticales pueden cambiar por completo el sentido del mensaje.

24. Limita el número de reuniones

Teletrabajando verás que las reuniones, en número y duración, se reducen, o al menos deberían de reducirse. El mal de muchas organizaciones es la *reunionitis*, lo sabemos. Incluso los que la padecen lo saben, pero en pocos casos se pone remedio a ello.

Una reunión limita nuestra flexibilidad horaria que ahora tenemos, por primera vez. Si en tu equipo estáis todos teletrabajando, los demás lo percibirán de la misma forma. Por eso, para evitar esa limitación, en tu recién adquirida flexibilidad horaria, pon todo lo que esté en tus manos para reducir el número de reuniones.

La duración de las mismas también se verá reducida. A través de la cámara-pantalla se hacen más pesadas que en persona.

Este es el momento ideal para limitar las reuniones. Si la organización, cuando está empezando a teletrabajar, no lo percibe de esa forma, cae en la tentación de seguir con la misma dinámica de convocar innumerables e interminables reuniones que no facilitan el trabajo, ni benefician a nadie.

Si no eres totalmente imprescindible en una reunión y puedes rechazarla, hazlo. Seguro que no te perderás nada, ni te echarán de menos. Si eres tú quien organiza la reunión, pregúntate dos veces, ¿necesitas una reunión o puedes coordinarte con la/s otra/s persona/s de otra forma? ¿quién es imprescindible en esa reunión? ¿puedes dejar fuera a algunas de esas personas que pensabas convocar?

Una reunión online más larga de una hora es muy larga, y probablemente en muchos casos podrás hacerla incluso más corta.

25. Sácales el máximo partido a las videoconferencias

Las videoconferencias no son un entorno natural para nosotros, todavía. Sentarte en la sala de reuniones rodeado de tus compañeros es algo que conoces bien, porque lo has hecho muchas veces. Lo has hecho no solo en la empresa, también te has sentado en reuniones familiares (probablemente frente a una buena comida) y habéis conversado. Sin embargo, no estamos tan acostumbrados al vídeo. Tenemos menos experiencia comunicándonos a través de este nuevo medio cámara-pantalla, por el momento.

Con la práctica aprenderemos a manejarnos en las videoconferencias tan bien como lo hacemos en persona. Recuerda tomártelo como un entrenamiento y aprender de los errores para mejorar.

Con aprovechar al máximo las videoconferencias no me refiero a ser multitarea mientras otros hablan (ni mucho menos). Me refiero a aprender a desenvolverte en este nuevo medio que ha venido para quedarse. Hoy es una reunión casi informal con tus colegas, pero mañana puede ser una videoconferencia con un cliente importante para cerrar un gran negocio o una entrevista de trabajo para conseguir esa promoción que tanto deseas y te mereces.

Estas son algunas cosas a tener en cuenta, otras las irás descubriendo por ti mismo, toma nota de ellas para mejorar:

El ritmo en las videoconferencias es diferente. Si mantener la atención es complicado en una reunión presencial, lo es todavía más en una videoconferencia. Esta es una de las razones por las que es más importante que nunca organizar la reunión con un orden el día y turnos de palabra. Es conveniente que una persona lidere la reunión para encargarse de que todo funciona correctamente. Hablar todos a la vez, algo que parece inevitable, debe ser evitado a toda costa en las videoconferencias. Presencialmente es ineficiente, verás que a través del vídeo es insufrible.

Cuando hablas, en lugar de mirar a la pantalla, mira a la cámara. Puede parecer lo mismo, pero no lo es, y el efecto es muy diferente. Si no miras a la cámara no estableces contacto visual con el interlocutor, parecerá que no estás mirando a quienes les estás hablando, aunque en realidad lo estés haciendo. Localiza dónde está la cámara en tu ordenador y dirígete a ella cuando te toque hablar, así estarás estableciendo contacto visual con los participantes. Es casi inevitable desviar nuestra mirada a la pantalla donde estamos nosotros y nuestros compañeros. Utiliza el truco de hacer esa pestaña donde está la videoconferencia más pequeña y colócala cerca de donde está la cámara de tu ordenador, así, aunque tu mirada se desvíe seguirá muy cerca de la cámara.

Conoce la herramienta que vas a utilizar antes de la llamada. Lo ideal es utilizar siempre (o casi siempre) la misma herramienta para que todos los asistentes a la reunión estén familiarizados con ella. Sobre todo, si es una reunión de varias personas es importante que cada una de ellas se haya tomado el tiempo suficiente para descubrir la herramienta antes de la reunión. Si es la primera vez que como grupo utilizáis esa herramienta podéis hacer una llamada de prueba antes de la reunión para probarla, así, descubrir cómo funciona la aplicación no interferirá con la reunión en sí.

Si vas a convocar una reunión y algunos pueden reunirse presencialmente y otros por videoconferencia, trasládala al medio online para todos. Gestionar una reunión con parte de los participantes en la sala y parte online es complejo y, en mayor o menor medida, poco satisfactorio para todos los participantes (sobre todo para el que está online). Si has estado en alguna de estas reuniones mixtas habrás notado que habitualmente aparecen problemas técnicos: el que está online no escucha a los presentes o los que están en la sala no oyen a la persona que está online. Las conexiones, por muy avanzada que sea la herramienta que utilices y la conexión a internet, tienen un cierto retraso. La persona o personas que están online tienden a participar mucho menos, si superan las dificultades técnicas, les resulta más difícil pedir su turno de palabra e intervenir, al fin y al cabo, no están con nosotros en la sala. Aunque la mayoría de los participantes estén en el mismo lugar y solamente uno de ellos no pueda reunirse presencialmente, prueba a hacer la reunión totalmente online, verás que se desarrolla y fluye mucho mejor.

26. Relaciónate con los demás

Decíamos que la comunicación es diferente, ni mejor, ni peor, simplemente diferente. Algo que notan la mayoría de los equipos que empiezan a teletrabajar es que la relación entre ellos ya no es tan cercana. Esto puede ser una ventaja, porque se evitan conflictos al no haber una convivencia tan intensa en el entorno de trabajo. Sin embargo, un equipo de trabajo cohesionado necesita algo más que únicamente la comunicación pura y estrictamente laboral.

En la oficina, los lunes por la mañana, cuando llegas al trabajo y, mientras te quitas el abrigo, compartes con tus compañeros lo que has hecho el fin de semana. Y ellos te cuentan el menú de la cena que han organizado en casa para los amigos o la película que han ido a ver al cine y tomas nota para ir a verla el próximo fin de semana. Y durante la semana habláis de vuestra vida diaria. Sabes cuantos hijos tienen tus compañeros de departamento y hasta conoces los nombres y edades de algunos de ellos.

Esas interacciones es más difícil que se den en un entorno de trabajo remoto. No sucederá de la misma forma espontánea en que sucede en el día a día trabajando en una oficina. Se necesita forzar este tipo de comunicación y poner mecanismos para conocer a las otras personas con las que trabajas, y llegar a tener una relación más cercana.

Lo importante no es conocer la vida privada de tus compañeros porque sí. El objetivo es establecer una conexión con ellos, cultivar una relación de camaradería y confianza.

Estos son algunos trucos simples para fomentar una comunicación más cercana:

• Utiliza emoticonos en los mensajes con tu equipo, entre compañeros. Le dan al mensaje un toque de cercanía.

• Pregúntales ¿qué tal? Haz preguntas más concretas sobre lo que conozcas de esa persona.

• Comenta sobre ti.

• Una simple línea con lo soleado que ha sido el fin de semana puede ser suficiente para establecer una conexión. Eso sí, evita quejarte, a nadie le gustan los quejicas.

• Organiza llamadas de vídeo para veros las caras

• En las reuniones tomaros unos minutos para comentar sobre vosotros y vuestra vida fuera del trabajo. Pero evita que la reunión se extienda innecesariamente, más allá de la hora programada de finalización, para que los asistentes no lo achaquen a esos minutos que no habéis hablado de trabajo. Si lo crees conveniente, inclúyelo en la agenda del día para la reunión.

Si todo el equipo se reúne semanalmente para coordinar el trabajo, incorpora el ponerse al día no solo de lo profesional, también de lo personal. Con esto, no debemos confundir el inmiscuirse en la vida privada de la persona y presionarles a compartir algo que no desean. La propuesta es compartir voluntariamente algo más allá de lo que es estrictamente trabajo. A veces incluso podría ser algo relacionado con el trabajo, una anécdota con un cliente, por ejemplo. Deja libertad para que cada uno cuente y entre en el terreno más personal solo si quiere hacerlo. La mejor forma de animar a que el resto se abran es empezando por ti mismo, compartiendo sobre ti.

Si estáis en la misma ciudad podéis organizar reuniones informales presenciales para compartir unas horas juntos. Os podéis reunir para trabajar, o para hacer alguna otra actividad. Un encuentro mensual fuera del trabajo, haciendo una actividad que os ayude a conoceros mejor entre vosotros, funcionará como team building y será muy beneficioso para el equipo.

27. Entiende a tu compañero inseparable: tú

Teletrabajar es sin duda más solitario que trabajar en la oficina. Ya no estás rodeado de compañeros. Hablarás con ellos por teléfono o email. Pero eso no es lo mismo que tener a tu compi de enfrente, el graciosillo, soltando el chiste fácil en cuanto tiene la mínima ocasión. Se le echa de menos.

Es normal que, tras una jornada a solas en tu cuarto de trabajar, sin ver a nadie más que a tu sombra y sin hablar más que a través del email, te sientas solo. Te entrarán unas ganas locas de ver a gente, de quedar con tus amigos, de pasar tiempo con tu familia... lo que sea por ver a un ser humano. Es natural, sobre todo al principio. Es habitual que las personas que trabajan solas sientan esa necesidad urgente de socializar.

Con el tiempo te acostumbrarás a esta nueva forma de trabajar, sin tu compi, el graciosillo, amenizando la jornada. Descubrirás que también tiene muchas ventajas trabajar "en soledad": podrás llegar a concentrarte más porque se eliminan muchas interrupciones. Ahora que no tienes los chistes de tu compañero los añoras, pero ¿no recuerdas esos momentos en los que tanta gracieta te tenía hasta...?

Mientras te acostumbras a ello, ocúpate de tus

necesidades sociales. Cualquier interacción con un ser humano (a veces incluso si no es humano: gatos, perros y demás mascotas) cuenta. Salir a la calle, decir hola a un vecino, darle las gracias a la cajera del supermercado... puede parecer poca cosa, pero toda relación por pequeña que sea ayuda a calmar esa necesidad de interacción social. Llama por teléfono a un amigo o familiar. Queda con alguien para tomar un café a media mañana. Haz planes después del trabajo. Acude a sesiones de networking...

Pequeñas cosas pueden hacerte sentirte más acompañado. Simplemente trabajar con música funciona para algunos. Escuchar un podcast o un programa de radio, te hará compañía. Aunque no es una práctica que recomiende de forma generalizada, ya que desviará tu atención de lo que estás haciendo, puede funcionar bien cuando la tarea que tienes entre manos es muy repetitiva o para escuchar mientras descansas.

Cada persona necesita un grado diferente de socialización en su día a día. Los extrovertidos necesitarán más contacto con otras personas a lo largo del día para sentirse bien, mientras que los introvertidos toleran más estar a solas. Entendemos aquí, extrovertidos como las personas que recargan energía en contacto con otras personas, mientras que los introvertidos cargan su batería a solas consigo mismos. En cualquiera de los casos las personas somo seres sociales y necesitamos interaccionar con otras personas.

Entiéndete a ti mismo, y pregúntate, ¿me siento solo? Hazte esa pregunta cada día.

Algunas personas que comienzan a teletrabajar no se dan cuenta de la soledad que sienten hasta que está muy dentro de ellos.

Si después de todo, trabajar a solas no es lo tuyo, puedes considerar trabajar en un coworking, allí rodeado de más gente sentirás la compañía de los que trabajan a tu alrededor. Algunos incluso organizan actividades sociales para los miembros, durante y después de la jornada laboral, lo que te permitirá satisfacer tus necesidades de socialización.

28.   Haz una reunión semanal contigo

Este es uno de mis consejos favoritos. Comencé a hacer reuniones conmigo misma hace año y medio.

A pesar de organizarme bien con mis tareas y trabajo para mis clientes, me costaba encontrar cabida en mi agenda para mis proyectos profesionales propios.

Un día me di cuenta de que los equipos de trabajo hacen reuniones semanales para compartir lo que ha sucedido en la última semana y cómo van a organizarse para la siguiente.

Y yo nunca estoy invitada a ese tipo de reuniones, no tengo equipo, trabajo sola.

Se me ocurrió, ¿y si me reuniese conmigo misma para organizar la semana, sería capaz de encontrar hueco para mis proyectos olvidados? Desde entonces me reúno conmigo misma cada lunes por la mañana (a veces los domingos) y siempre que siento que necesita-mos tener una reunión, convoco una.

Te cuento como las hago yo, solo para que lo sepas, tú puedes encontrar tu manera.

Me siento con una taza de café, muchas veces me voy a una cafetería a tener esa reunión. Comienzo únicamente con una libreta pequeña. La primera parte de la reunión, pienso en todo lo que he hecho la última semana, a qué he dedicado mi tiempo, para qué no he tenido tiempo y se ha quedado en el tintero, etc. Anoto ideas y tacho tareas finalizadas en mi libreta. Luego pienso en la semana que empieza, lo que quiero hacer, las cosas que tengo que hacer (fíjate en la diferencia entre querer y tener que). Lo hago pensando más allá de la semana y teniendo en cuenta mis objetivos a largo plazo. A veces surgen nuevas ideas, otras veces descarto ideas antiguas que ya no quiero perseguir.

En la última parte de la reunión cojo el ordenador y pongo en mi agenda las tareas que voy a hacer esta semana, asignándoles tiempo y día.

Normalmente me tomo una hora para esa reunión. A veces aprovecho un viaje para hacerla o cualquier otro lugar. En general, me gusta hacerla fuera de mi entorno habitual de trabajo.

Con estas reuniones he conseguido tener una visión global de lo que estoy haciendo. Antes me llegaban los proyectos y les iba encontrando un lugar en mi agenda, mientras otros se quedaban siempre pendientes.

Organizarte simplemente escribiendo las tareas pendientes y anotándolas en tu agenda, puede parecer similar, a hacer una reunión semanal, sin embargo, los resultados son diferentes.

El peso e importancia que le das a una reunión no es el mismo que sentarte con tu agenda y boli. Una reunión es un evento formalmente acordado a una hora y con una duración determinada. A veces incluso hay que prepararse antes para acudir a ella.

Esas asociaciones intrínsecas a la palabra reunión, nos colocan en un lugar diferente para tomarnos más en serio lo que estamos haciendo.

Y te aseguro que probablemente serán las reuniones más productivas que jamás hayas tenido. Aunque algunas veces también habrá desacuerdos entre los participantes y tendréis que poneros(te) de acuerdo ;)

29. Planifica el día anterior

Te levantas por la mañana y te pones a trabajar... 8 horas más tarde... miras hacia atrás y ves que no has hecho nada de lo que tenías que hacer.

¿Te ha pasado alguna vez? Seguro que sí. A todos nos ha pasado.

Ponerse a trabajar sin un plan y sin tener los objetivos claros, es como navegar sin rumbo. Es posible que lleguemos a algún lugar, pero que ese no sea el puerto donde deberíamos haber arribado, o que nos perdamos en la inmensidad del mar.

Podemos pasar un día entero trabajando sin tener nada planificado en la agenda. Es fácil que las horas del día se vayan llenando, así, sin más, y no haber hecho nada que sirva para alcanzar nuestros objetivos. Es el típico día que te pasas apagando fuegos. Pasas de una tarea a otra a medida que te va llegando. Normalmente son otras personas las que te encargan esa tarea. Y te pones con ella sin ni siquiera plantearte la importancia que tiene y si es necesario hacerla ahora o si hay alguna otra cosa esperando, que necesita tu atención. No te paras a pensar si es lo que debes hacer o si existe algo más urgente o importante.

Esos días en los que empiezas a trabajar sin un

plan. Has hecho cosas, eso sí, pero ¿has sido productivo?, ¿has completado tareas?, ¿o has comenzado muchas sin terminar ninguna?, ¿has llegado a puerto al final del día?, ¿al puerto que deberías haber llegado? Lo dudo mucho porque no sabías a donde querías/tenías que llegar. Puede que estés satisfecho con el destino alcanzado, has tenido suerte. Al azar has llegado a buen puerto. Sin embargo, las probabilidades de que no te guste ni siquiera la ruta que has tomado, ni el lugar a donde has llegado al final del día, son muy altas.

Por eso es importante planificar, basándote en tus objetivos, y lo que debes de hacer para llegar a ellos. Comenzar a navegar sin mapa de ruta tiene muchos riegos, no llegarás a dónde tenías que llegar y podrías perderte por el camino. Hoy en día, rodeados de distracciones por todas partes, perderse es fácil.

Planificar el día anterior es mejor que hacerlo el mismo día por la mañana. Nos permite tomar el día siguiente con una perspectiva más amplia, con más distancia. No vemos de la misma forma el día cuando ya estamos metidos en él. Cuando el día ya ha comenzado, todo adquiere una mayor urgencia.

Justo antes de terminar tu jornada laboral, lo ideal es hacer balance del día. Utiliza esta información para planificar el día siguiente, en base a ella podrás mejorar, repetir o cambiar cosas para organizarte mañana.

Planifica teniendo siempre en mente los objetivos de tu trabajo a corto, medio y largo plazo. Esto sirve para tener una imagen más clara de lo que es necesario hacer con prioridad, a qué debes dedicarle más tiempo o qué debes posponer.

Este proceso no tiene porque llevarte más de 5 minutos, a veces, incluso menos.

Con ello consigues:

- Cerrar tu jornada evitando más tarde pensamientos del tipo: "mañana tengo que acodarme de...".

- Ayuda a comenzar el proceso de desconectar.

- Organizar tu jornada basándote más en lo importante y menos en lo urgente.

- Comenzar al día siguiente con una guía clara.

Otra gran ventaja de planificar el día anterior es que te puedes poner directamente a trabajar, sin tener que pensar en ello. Evitarás darle vueltas en la cabeza a ¿por dónde empezar? Una pregunta que frecuentemente deriva en procrastinación.

En cualquier caso, si el día anterior no has hecho tu planificación para el día, hazla hoy a primera hora de la mañana.

30.   Celebra lo que has conseguido

Repasa lo que has hecho antes de terminar el día, la semana, el mes y al finalizar un proyecto. Hacer recuento de lo que has logrado y tacharlo de tu lista de tareas pendientes es gratificante y motivador.

Cuando ibas a trabajar a la oficina tenías una relación más directa con tus compañeros, tu jefe, clientes, etc. Con suerte alguno de ellos apreciaba el trabajo que hacías y te lo mostraban de vez en cuando con un comentario o simplemente una sonrisa. Cuando trabajas desde casa muchos de estos comentarios y sutiles muestras de agradecimiento espontaneas se pierden.

Con la falta de contacto persona a persona, se pierde el lenguaje no verbal y también algunas palabras, que habladas son más fáciles de expresar que por escrito. Las celebraciones también suelen ser más escasas. Unas cañas improvisadas, el viernes al salir de trabajar, para celebrar esa venta importante que acabáis de cerrar, será más complicado que sucedan.

Si tienes la suerte de tener un jefe que aprecia y elogia tu trabajo, en el día a día, notarás que ahora sus expresiones de aprobación no son tan frecuentes. El feedback que recibirás teletrabajando es menor.

Por eso es importante, que te gratifiques a ti mismo, tendrás que ser tú quien reconozca el trabajo bien hecho. La automotivación es más importante que nunca en este entorno.

Cuando termines un período de tiempo (día, semana, mes, trimestre) haz recuento de lo que has alcanzado. Utiliza el método que tú prefieras: tacha las tareas que han completado, escribe todos los logros conseguidos... Párate un momento a pensar en lo que has conseguido y lo que eso significa para tu trabajo y para ti. Valora la importancia que tienen los logros más pequeños que contribuirán a alcanzar algo mayor.

Felicítate. Toda tarea, hasta la más pequeña o esa que llevas arrastrando en tu lista de tareas pendientes durante semanas, cuando la terminas te mereces un reconocimiento por haberlo logrado.

Regálate unas palabras de ánimo. Tu jefe no está en tu casa para decirte lo bien que lo has hecho, deberás ser tú mismo quien lo haga.

31.   Pon fin a tu jornada laboral

No es posible terminar todo lo que está pendiente. Nunca. Es imposible porque siempre habrá algo más. Por eso no sirve de nada alargar la jornada laboral hasta el infinito.

Ponte horarios y límites de tiempo. Si no lo haces, las tareas se expandirán hasta ocupar todo el espacio de tiempo. Si no tienes un límite, se estirarán y estirarán, hasta el más allá. Proponiéndote un tiempo limitado para realizar cada una de las tareas contribuyes a que no se alargue más de lo debido.

Ahora que teletrabajas no hay hora de salida de la oficina. La tentación de seguir trabajando está siempre ahí, o, mejor dicho, aquí. El trabajo está cerca de ti, en tu ordenador, y este no suele estar muy lejos de donde tú estás, de donde comes, ves la tele, disfrutas de tu familia.

Ponte hora para empezar y terminar tu jornada laboral. Cuando llegue esa hora que te has propuesto, deja de trabajar. Si hoy alargas un poco más la jornada, mañana volverás a caer en la tentación de terminar más tarde y pasado mañana y al cabo de unos días verás como tu jornada laboral se ha prolongado. Si te habías propuesto terminar a las 5, pero repetidamente terminas a las 6, tu cuerpo y mente, inconscientemente, se acaban acostumbrando a tener una hora extra para trabajar. Sin darte cuenta tenderás a expandir las tareas en el tiempo. Y si repasas lo que has hecho te darás cuenta de que has pasado más tiempo trabajando, pero no has hecho más cosas. No harás más, sino que harás lo mismo en más tiempo.

Por supuesto, tómate este consejo como el resto, con flexibilidad. No quiere decir que nunca puedas trabajar más de las 6 de la tarde, si ese es el horario que te has propuesto. Si un día tienes más trabajo del habitual, ajusta esa hora. Procura hacerlo antes de empezar a trabajar. Si crees que tardarás 1 hora más en terminar tu trabajo ese día márcate las 7 como hora de "salida".

32. Desconecta

Y una vez que has terminado tu jornada laboral desconecta. Deja de pensar en el trabajo ¿Por qué? Porque tu mente lo necesita.

Tomarte un descanso es necesario para poder seguir siendo productivo. Respeta las horas de sueño y también las horas que dedicas a otras actividades de ocio.

La vida fuera del trabajo es importante para ti, lo sabes, y aun en el caso de que solo te preocupase tu vida profesional, pasarte el día trabajado sin dedicarte tiempo a ti mismo no te ayudará a crecer profesionalmente. Sin horas de sueño, sin actividades de ocio, sin desconectar, nuestra energía y creatividad merma y nuestro desempeño será peor.

Olvídate del trabajo, piensa en otra cosa.

Hablábamos de prepararse para empezar a trabajar por la mañana y de crear un ritual que sirva de transición para que nuestra mente se ponga en "modo trabajo". Al salir de la oficina, el trayecto de vuelta a casa sirve de transición para dejar de pensar en el trabajo y pensar en cosas de casa y de tu vida personal. Eso nos invita a desconectar.

Si te cuesta desconectar cuando trabajas desde casa, crea un ritual de desconexión. Planificar el día siguiente, justo antes de terminar, es una buena forma de darle final a tu jornada y decirle a tu cerebro que esto es todo por hoy. Si necesitas otros rituales estas son algunas ideas:

- Apagar el ordenador y guardarlo.

- Poner música especial para este momento, diferente de la que escuchabas para trabajar.

- Cambiar de habitación.

- Prepararte la merienda o algo de beber.

- Salir a dar un paseo.

Realiza esa acción, de forma consciente, varios días seguidos para que tu cerebro la asocie con el fin de tu jornada laboral.

33. Atiende adecuadamente a tu musa cuando viene a verte

Desconectar tiene un efecto secundario, no deseado, en algunas ocasiones. Poner la mente en otro lugar puede provocar que se te ocurran nuevas y creativas ideas sobre aquel asunto de trabajo en el que te habías atascado.

Estas viendo una peli con tu familia y, de pronto, como de la nada, aparece en tu mente una gran idea sobre aquel tema de trabajo que ya casi habías dado por imposible. Te levantas del sofá, al fin y al cabo la peli no era tan divertida, y enciendes tu ordenador para ocuparte de ese asunto.

Eso no es ni bueno, ni malo, pero debes tener en cuenta que tiene un coste, para ti y para tu familia. Has cortado tu tiempo de ocio para volver al trabajo. ¿Cómo llevas lo de separar trabajo de vida personal? Y sobre todo, ¿cómo te afecta emocionalmente? ¿Sentirás más tarde que has trabajado durante toda la semana, sin tener ni siquiera descanso el fin de semana? ¿Y tu familia? ¿Cómo se lo tomará? ¿Y cómo te sentirás tú con respecto a como le sentará a tu familia que les dejes para ponerte a trabajar en tu rato de ocio con ellos?

Ten en cuenta tu respuesta a esas preguntas, si no te supone ningún inconveniente ponerte a trabajar,

¿por qué no hacerlo? Sin embargo, si te vas a sentir agotado, con sensación de no haber descansado el fin de semana por tomarte unas horas para trabajar, si tu familia se sentirá decepcionada porque no has pasado tiempo con ellos y si eso te hace sentir mal, entonces quizás no sea al mejor momento para ocuparse de ese importante asunto de trabajo, porque parece que tienes entre manos un asunto personal más importante y que es más oportuno atender en estos momentos.

Teletrabajar a veces significa ponerte a trabajar cuando no te apetece y otras no ponerte a trabajar cuando no corresponde.

Si has terminado de trabajar y de repente te acuerdas de algo que podrías haber hecho o se te ocurre una genial idea, anótalo en tu teléfono o en una libreta que lleves contigo y déjalo reposar ahí hasta mañana.

Si la inspiración llega a altas horas de la noche, ábrele la puerta. Recíbela para lo que sea necesario, pero tomate tus horas de descanso. Y si por atender la agradable visita de la inspiración te has ido a dormir tarde, trata de recuperar tu sueño, levántate más tarde mañana si puedes, duerme la siesta o vete a dormir al día siguiente más temprano.

Hasta aquí estos 33 consejos para teletrabajar, espero que te sirvan y los aproveches. Recuerda: lo más importante no es lo que yo te he contado que debes hacer para teletrabajar más eficientemente, lo fundamental es que pruebes, adaptes y utilices solo aquello que te sirva a ti, por tu situación particular y por ser tú quien eres.

Si todavía no has descargado el diario de productividad hazlo ahora, aquí (objetivocoaching.com/diario-de-productividad-teletrabajo)

Para que otras personas también se puedan beneficiar de estos 33 consejos para el teletrabajo, me gustaría mucho que dejases tu valoración sobre este libro en Amazon. TU OPINIÓN IMPORTA, DEJA AQUÍ TU VALORACIÓN (bit.ly/33teletrabajo).

Tienes alguna pregunta sobre teletrabajo o hay algo que quieres comentarme, no dudes en escribirme: carmen@carmencorral.com.

Más **33 consejos** para desarrollar
tus habilidades

Léelo aquí: bit.ly/33publicolibro

Bibliografía interesante sobre productividad para aplicar al teletrabajo:

- Timothy Ferriss, 2007, *La semana laboral de 4 horas* (bit.ly/4horasoc)

- David Heinemeier Hansson, Jason Fried, 2014, Remoto: No se requiere oficina (bit.ly/remotooc)

- Greg Mckeown, 2014, *Esencialismo: Logra el máximo de resultados con el mínimo de esfuerzos* (bit.ly/esencialismooc)

- Sergio Fernández, 2012, *Vivir sin jefe* (bit.ly/sinjefeoc)

- Michael Hyatt, 2019, **Free to Focus: A Total Productivity System to Achieve More by Doing Less** (bit.ly/focusoc)

CARMEN CORRAL